Celina H. Weschenfelder (org.)

Orações do cristão

Paulinas

Editora responsável: Celina H. Weschenfelder
Equipe Editorial

18ª edição – 2011
21ª reimpressão – 2025

Nenhuma parte desta obra poderá ser reproduzida ou transmitida por qualquer forma e/ou quaisquer meios (eletrônico ou mecânico, incluindo fotocópia e gravação) ou arquivada em qualquer sistema ou banco de dados sem permissão escrita da Editora. Direitos reservados.

Cadastre-se e receba nossas informações
paulinas.com.br
Telemarketing e SAC: 0800-7010081

Paulinas
Rua Dona Inácia Uchoa, 62
04110-020 – São Paulo – SP (Brasil)
📞 (11) 2125-3500
✉ editora@paulinas.com.br

© Pia Sociedade Filhas de São Paulo – São Paulo, 2003

SINAL DA CRUZ

Em nome do Pai, do Filho e do Espírito Santo.

OFERECIMENTO DO DIA

Divino Coração de Jesus, eu vos ofereço, por meio de Maria, todas as orações, ações, alegrias e sofrimentos deste dia, em reparação dos meus pecados e pela salvação de todas as pessoas. Que a graça de Deus me acompanhe hoje e sempre. Amém.

CREIO

Creio em Deus Pai todo-poderoso, criador do céu e da terra; e em Jesus Cristo, seu único Filho, nosso Senhor; que foi concebido pelo poder do Espírito Santo; nasceu da virgem Maria, padeceu sob

Pôncio Pilatos, foi crucificado, morto e sepultado; desceu à mansão dos mortos; ressuscitou ao terceiro dia; subiu aos céus, está sentado à direita de Deus Pai todo-poderoso, donde há de vir a julgar os vivos e os mortos; creio no Espírito Santo, na santa Igreja Católica, na comunhão dos santos, na remissão dos pecados, na ressurreição da carne, na vida eterna. Amém.

PAI-NOSSO

Pai nosso que estais nos céus, santificado seja o vosso nome, venha a nós o vosso reino, seja feita a vossa vontade, assim na terra como no céu. O pão nosso de cada dia nos dai hoje; e perdoai-nos as nossas ofensas assim como nós perdoamos a quem nos tem ofendido. Não nos deixeis cair em tentação. Mas livrai-nos do mal. Amém.

AVE-MARIA

Ave, Maria, cheia de graça, o Senhor é convosco; bendita sois vós entre as mulheres, e bendito é o fruto do vosso ventre, Jesus. Santa Maria, Mãe de Deus, rogai por nós, pecadores, agora e na hora de nossa morte. Amém.

GLÓRIA

Glória ao Pai, ao Filho e ao Espírito Santo. Como era no princípio, agora e sempre. Amém.

AO ANJO DA GUARDA

Anjo de Deus que sois a minha guarda, a quem fui confiado por celestial piedade, iluminai-me, guardai-me, regei-me, governai-me. Amém.

SALVE-RAINHA

Salve, Rainha, Mãe de misericórdia, vida, doçura e esperança nossa, salve! A vós bradamos, os degredados filhos de Eva. A vós suspiramos, gemendo e chorando neste vale de lágrimas. Eia, pois, advogada nossa, esses vossos olhos misericordiosos a nós volvei, e depois deste desterro mostrai-nos Jesus, bendito fruto do vosso ventre, ó clemente, ó piedosa, ó doce sempre Virgem Maria. Rogai por nós, Santa Mãe de Deus, para que sejamos dignos das promessas de Cristo.

ATO DE FÉ

Eu creio firmemente que há um só Deus, em três pessoas realmente distintas, Pai, Filho, Espírito Santo; que dá o céu aos bons e o inferno aos maus, para sempre.

Creio que o Filho de Deus se fez homem, padeceu e morreu na cruz para nos salvar, e que ao terceiro dia ressuscitou.

Creio tudo o mais que crê e ensina a Santa Igreja Católica, Apostólica, Romana, porque Deus, verdade infalível, lho revelou. E nesta crença quero viver e morrer.

ATO DE ESPERANÇA

Eu espero, meu Deus, com firme confiança, que pelos merecimentos de meu Senhor Jesus Cristo me dareis a salvação eterna e as graças necessárias para consegui-la, porque vós, sumamente bom e poderoso, o haveis prometido a quem observar fielmente os vossos mandamentos, como eu proponho fazer com o vosso auxílio.

ATO DE CARIDADE

Eu vos amo, meu Deus, de todo o meu coração e sobre todas as coisas, porque sois infinitamente bom e amável, e antes quero perder tudo que vos ofender. Por amor de vós amo meu próximo como a mim mesmo.

PEQUENO ATO DE CONTRIÇÃO

Meu Deus, eu me arrependo de todo o coração de vos ter ofendido, porque sois bom e amável. Prometo, com a vossa graça, nunca mais pecar. Meu Jesus, misericórdia!

Ó MEU DEUS, MISERICÓRDIA

Ó Deus, tende piedade de mim conforme a vossa misericórdia; no vosso grande amor apagai meu pecado.
Criai em mim, ó Deus, um coração puro, renovai em mim um espírito resoluto.

(Extraído do Salmo 51/50)

MANDAMENTOS DA LEI DE DEUS

Os mandamentos da lei de Deus são dez:

1º Amar a Deus sobre todas as coisas.

2º Não falar seu santo nome em vão.

3º Guardar os domingos e festas.

4º Honrar pai e mãe.

5º Não matar.

6º Não pecar contra a castidade.

7º Não furtar.

8º Não levantar falso testemunho.

9º Não desejar a mulher do próximo.

10º Não cobiçar as coisas alheias.

MANDAMENTOS DA IGREJA

Os mandamentos da Igreja são cinco:

1º Participar da missa aos domingos e outras festas de guarda e abster-se de ocupações de trabalho.

2º Confessar-se ao menos uma vez cada ano.

3º Receber o sacramento da Eucaristia pelo menos por ocasião da Páscoa da Ressurreição.

4º Jejuar e abster-se de carne, nos dias em que a Igreja determina.

5º Pagar o dízimo segundo o costume.

OS SACRAMENTOS

Os sacramentos instituídos por Jesus Cristo são sete:

1º Batismo
2º Confirmação
3º Eucaristia
4º Penitência ou Confissão
5º Unção dos Enfermos
6º Ordem
7º Matrimônio

OBRAS DE JUSTIÇA OU DE MISERICÓRDIA

As obras de misericórdia são as seguintes:

1. Dar de comer a quem tem fome.
2. Dar de beber a quem tem sede.
3. Visitar os enfermos e encarcerados.

4. Vestir os nus.
5. Dar pousada aos peregrinos.
6. Instruir os menos esclarecidos.
7. Suportar pacientemente as imperfeições alheias.

OS DONS DO ESPÍRITO SANTO

1. Sabedoria
2. Entendimento
3. Conselho
4. Piedade
5. Fortaleza
6. Ciência
7. Temor a Deus

OS VÍCIOS CAPITAIS

1. Soberba
2. Avareza
3. Luxúria
4. Ira
5. Gula
6. Inveja
7. Preguiça

PREPARAÇÃO PARA A CONFISSÃO

Senhor Jesus, aqui estou, diante de vós, para vos pedir a graça de preparar-me bem para a confissão. Fazei-me lembrar todos os meus pecados. Estou arrependido e desejo confessá-los com toda a sinceridade para obter o perdão. Prometo, com a vossa graça, ser melhor, daqui por diante.

EXAME DE CONSCIÊNCIA

Antes de me apresentar ao sacerdote para receber a absolvição dos meus pecados, faço o exame de consciência e vou pensar:

Em relação a Deus: Como foi o meu amor a Deus? Amei-o de todo o coração e sobre todas as coisas?

Em relação ao meu próximo: Amei e respeitei as outras pessoas? Meus pais, pessoas que cuidaram de mim, vizinhos, professores, amigos, conhecidos...

Em relação a mim mesmo(a): Amei e respeitei o meu corpo que é templo da Santíssima Trindade? Fui sincero(a), honesto(a), tratei com respeito todas as pessoas que se aproximaram de mim?

CONFISSÃO

Ao me apresentar ao sacerdote ele diz: "O Senhor esteja em teu coração e em teus lábios para que confesses bem todos os teus pecados. Em nome do Pai, do Filho e do Espírito Santo".

Fazendo o sinal da cruz, respondo: Amém!

Depois de dizer os pecados, ouço com atenção os conselhos do sacerdote, rezo o que ele me sugerir e agradeço a Deus por ter me perdoado.

Obrigado, Senhor Jesus! Tivestes misericórdia de mim e perdoastes os meus pecados. Prometo-vos empregar novamente todas as minhas forças para não mais vos ofender, sobretudo na pessoa do meu próximo. Dai-me a graça de cumprir o que estou prometendo neste momento e muitas forças para ser fiel.

ORAÇÃO A JESUS CRUCIFICADO
(Alma de Cristo)

Alma de Cristo, santificai-me.

Corpo de Cristo, salvai-me.

Sangue de Cristo, inebriai-me.

Água do lado de Cristo, lavai-me.

Paixão de Cristo, confortai-me.

Ó bom Jesus, ouvi-me.

Dentro de vossas chagas, escondei-me.

Não permitais que eu me afaste de vós.

Do espírito maligno, defendei-me.

Na hora da minha morte, chamai-me e mandai-me ir para vós, para que com os vossos santos vos louve por todos os séculos dos séculos. Amém.

COMO REZAR O TERÇO

3º Mistério
1 Pai-Nosso
10 Ave-Marias
1 Glória

2º Mistério
1 Pai-Nosso
10 Ave-Marias
1 Glória

4º Mistério
1 Pai-Nosso
10 Ave-Marias
1 Glória

5º Mistério
1 Pai-Nosso
10 Ave-Marias
1 Glória

1º Mistério
1 Pai-Nosso
10 Ave-Marias
1 Glória

Agradecimento
1 Salve-Rainha

1 Glória

3 Ave-Marias

1 Pai-Nosso

1 Creio
Oferecimento
Sinal da cruz

- *Começamos a oração do terço com o sinal da cruz*: Em nome do Pai, do Filho e do Espírito Santo. Amém!

- Rezamos, a seguir, *o oferecimento do terço*, compartilhando as nossas intenções.

- Depois rezamos o *Creio* (ver p. 3), que é a nossa profissão de fé como cristãos.

- Antes de iniciar os Mistérios, temos cinco continhas: um *Pai-Nosso*, três *Ave-Marias* e um *Glória*, exaltando a Santíssima Trindade que habita em nós porque somos filhos e filhas de Deus.

- Em seguida, começamos a contemplação dos Mistérios. Após esta contemplação, rezam-se um *Pai-Nosso*, dez *Ave-Marias* e um *Glória*.

- Após a oração do *Glória*, ao final de cada Mistério, reza-se uma invocação que poderá ser espontânea. Por exemplo: *Meu Jesus, misericórdia* ou: *Jesus, pastor eterno, enviai bons operários para a vossa messe.*

- Ao final do terço, após o agradecimento, rezam-se uma *Salve-Rainha* e um *Pai-Nosso* nas intenções do Papa.

Oferecimento

Senhor Jesus, nós vos oferecemos este terço que vamos rezar, contemplando os Mistérios de vossa redenção. Concedei-nos, pela intercessão de Maria, vossa Mãe Santíssima, a quem nos dirigimos, as atitudes que nos são necessárias para bem rezá-lo e as graças que nos vêm desta santa devoção.

- Agradecimento

MISTÉRIOS DO ROSÁRIO

Mistérios gozosos
(segundas e sábados)

- No primeiro mistério gozoso contemplamos o anúncio do anjo Gabriel a Nossa Senhora de que ela dará à luz um filho, e o chamará Jesus.
- No segundo mistério gozoso contemplamos a visita de Nossa Senhora a sua prima Isabel, que também espera um filho.
- No terceiro mistério gozoso contemplamos o nascimento de Jesus, na gruta de Belém.
- No quarto mistério gozoso contemplamos a apresentação de Jesus no Templo e a purificação de Nossa Senhora.
- No quinto mistério gozoso contemplamos a perda e o encontro de Jesus no Templo entre os doutores.

Mistérios luminosos
(quintas-feiras)

- No primeiro mistério luminoso contemplamos o Batismo de Jesus nas águas do rio Jordão.
- No segundo mistério luminoso contemplamos a autorrevelação de Jesus nas bodas de Caná.
- No terceiro mistério luminoso contemplamos Jesus que anuncia o Reino de Deus como convite à conversão.
- No quarto mistério luminoso contemplamos a transfiguração de Jesus no monte Tabor.
- No quinto mistério luminoso contemplamos a instituição da Eucaristia.

Mistérios dolorosos
(terças e sextas-feiras)

- No primeiro mistério doloroso contemplamos a agonia de Jesus no Horto das Oliveiras.
- No segundo mistério doloroso contemplamos a flagelação de Jesus.
- No terceiro mistério doloroso contemplamos Jesus coroado de espinhos.
- No quarto mistério doloroso contemplamos Jesus carregando a cruz até o Monte Calvário.
- No quinto mistério doloroso contemplamos a crucifixão e morte de Jesus na cruz.

Mistérios gloriosos
(quartas-feiras e domingos)

- No primeiro mistério glorioso contemplamos a ressurreição gloriosa de Jesus.
- No segundo mistério glorioso contemplamos a ascensão de Jesus ao céu.
- No terceiro mistério glorioso contemplamos a vinda do Espírito Santo sobre Maria e os Apóstolos, reunidos no Cenáculo.
- No quarto mistério glorioso contemplamos a assunção de Nossa Senhora ao céu.
- No quinto mistério glorioso contemplamos a coroação de Nossa Senhora como Rainha e intercessora nossa junto ao seu filho, Jesus.

LADAINHA DE NOSSA SENHORA

Senhor,	*tende piedade de nós*
Jesus Cristo,	"
Senhor,	"
Jesus Cristo,	*ouvi-nos*
Jesus Cristo,	*atendei-nos*
Deus Pai do céu,	*tende piedade de nós*
Deus Filho, redentor do mundo,	"
Deus Espírito Santo,	"
Santíssima Trindade, que sois um só Deus,	"
Santa Maria	*rogai por nós*
Santa Mãe de Deus,	"
Santa Virgem das virgens,	"
Mãe de Jesus Cristo,	"
Mãe da divina graça,	"
Mãe puríssima,	"
Mãe castíssima,	"
Mãe sempre virgem	"
Mãe imaculada,	"
Mãe amável,	"

Mãe admirável,	*rogai por nós*
Mãe do bom conselho,	"
Mãe do Criador,	"
Mãe do Salvador,	"
Mãe da Igreja,	"
Virgem prudentíssima,	"
Virgem venerável,	"
Virgem louvável,	"
Virgem poderosa,	"
Virgem benigna,	"
Virgem fiel,	"
Espelho de justiça,	"
Sede da sabedoria,	"
Causa de nossa alegria,	"
Vaso espiritual,	"
Vaso honorífico,	"
Vaso insigne de devoção,	"
Rosa mística,	"
Torre de Davi,	"
Torre de marfim,	"
Casa de ouro,	"
Arca da aliança,	"
Porta do céu,	"
Estrela da manhã,	"
Saúde dos enfermos,	"

Refúgio dos pecadores,   *rogai por nós*
Consoladora dos aflitos,   "
Auxílio dos cristãos,   "
Rainha dos anjos,   "
Rainha dos patriarcas,   "
Rainha dos profetas,   "
Rainha dos apóstolos   "
Rainha dos mártires,   "
Rainha dos confessores,   "
Rainha das virgens,   "
Rainha de todos os santos,   "
Rainha concebida
   sem pecado original,   "
Rainha assunta ao céu,   "
Rainha do santo rosário   "
Rainha da paz,   "

Cordeiro de Deus, que tirais os pecados do mundo, perdoai-nos, Senhor.
Cordeiro de Deus, que tirais os pecados do mundo, ouvi-nos, Senhor.
Cordeiro de Deus, que tirais os pecados do mundo, tende piedade de nós.

— Rogai por nós, santa Mãe de Deus.
— Para que sejamos dignos das promessas de Cristo.

Oração

Suplicantes vos rogamos, Senhor Deus, que concedais a vossos servos gozar sempre saúde do corpo e da alma e que, pela intercessão gloriosa da bem-aventurada sempre Virgem Maria, sejamos livres da presente tristeza e gozemos a eterna alegria, por Cristo, nosso Senhor. Amém.

Lembrai-vos
(São Bernardo de Claraval, séc. XII)

Lembrai-vos, ó piíssima Virgem Maria, que nunca se ouviu dizer que nenhum daqueles que têm recorrido à vossa proteção, implorado a vossa assistência e reclamado o vosso socorro, fosse por vós desamparado. Animado, eu, de igual confiança, a vós, ó Virgem dentre todas, singular, como a uma mãe recorro e de vós me valho, e, gemendo sob o peso de meus pecados, me prostro a vossos pés.

Não desprezeis as minhas súplicas, ó mãe do Filho de Deus humanado, mas dignai-vos de as ouvir propícia e de me alcançar o que vos rogo. Amém!

LADAINHA DO SAGRADO CORAÇÃO DE JESUS

Senhor, tende piedade de nós.
Jesus Cristo, tende piedade de nós.
Senhor, tende piedade de nós.
Jesus Cristo, ouvi-nos.
Jesus Cristo, atendei-nos.

Deus Pai do céu, tende piedade de nós.
Deus Filho, Redentor do mundo,
tende piedade de nós.
Deus Espírito Santo, tende piedade de nós.
Santíssima Trindade, que sois um só Deus,
tende piedade de nós.

Coração de Jesus, Filho do Pai eterno,
tende piedade de nós.
Coração de Jesus, formado pelo Espírito
Santo no seio da Virgem Mãe,
tende piedade de nós.
Coração de Jesus, unido substancialmente
ao Verbo de Deus, tende piedade de nós.
Coração de Jesus, de majestade infinita,
tende piedade de nós.
Coração de Jesus, templo santo de Deus,
tende piedade de nós.
Coração de Jesus, tabernáculo
do Altíssimo, tende piedade de nós.
Coração de Jesus, casa de Deus
e porta do céu, tende piedade de nós.
Coração de Jesus, fornalha ardente
da caridade, tende piedade de nós.
Coração de Jesus, receptáculo de justiça
e amor, tende piedade de nós.
Coração de Jesus, cheio de bondade
e amor, tende piedade de nós.
Coração de Jesus, digníssimo de todo
o louvor, tende piedade de nós.
Coração de Jesus, Rei de todos os
corações, tende piedade de nós.

Coração de Jesus, no qual estão todos os tesouros da sabedoria e ciência, tende piedade de nós.
Coração de Jesus, no qual habita toda a plenitude da divindade, tende piedade de nós.
Coração de Jesus, no qual o Pai celeste põe a sua complacência, tende piedade de nós.
Coração de Jesus, de cuja plenitude todos nós participamos, tende piedade de nós.
Coração de Jesus, paciente e misericordioso, tende piedade de nós.
Coração de Jesus, rico para todos os que vos invocam, tende piedade de nós.
Coração de Jesus, fonte de vida e de santidade, tende piedade de nós.
Coração de Jesus, propiciação pelos nossos pecados, tende piedade de nós.
Coração de Jesus, feito obediente até a morte, tende piedade de nós.
Coração de Jesus, atravessado pela lança, tende piedade de nós.
Coração de Jesus, fonte de toda a consolação, tende piedade de nós.

Coração de Jesus, nossa vida
e ressurreição, tende piedade de nós.
Coração de Jesus, nossa paz
e reconciliação, tende piedade de nós.
Coração de Jesus, vítima dos pecadores,
tende piedade de nós.
Coração de Jesus, salvação dos que em
vós esperam, tende piedade de nós.
Coração de Jesus, esperança dos que em
vós expiram, tende piedade de nós.
Cordeiro de Deus, que tirais os pecados
do mundo, perdoai-nos, Senhor.
Cordeiro de Deus, que tirais os pecados
do mundo, ouvi-nos, Senhor.
Cordeiro de Deus, que tirais os pecados
do mundo, tende piedade de nós.
Jesus, manso e humilde de coração, fazei
o nosso coração semelhante ao vosso.

Oremos: Deus onipotente e eterno, olhai para o Coração de vosso Filho diletíssimo e para os louvores e as satisfações que ele, em nome dos pecadores, vos tributa; e aos que imploram a vossa misericórdia concedei benigno o perdão em nome do vosso mesmo Filho Jesus Cristo, que convosco vive e reina por todos os séculos dos séculos. Amém!

AO SAGRADO CORAÇÃO DE JESUS

A devoção ao Sagrado Coração de Jesus remonta ao século XI e teve propagadores místicos como são Bernardo, são Anselmo, são Boaventura. Seu fundamento está no ato de consagração (reconhecimento da soberania de Jesus e entrega absoluta a sua ternura e misericórdia) e na reparação (Comunhão reparadora e Hora Santa). No dia 9 de junho de 1899, Leão XIII consagrou o mundo inteiro ao Sagrado Coração de Jesus.

Lembrai-vos, ó dulcíssimo Jesus, que nunca se ouviu dizer que alguém, recorrendo com confiança ao vosso Sagrado Coração, implorando a vossa divina assistência e reclamando a vossa infinita misericórdia, fosse por vós abandonado.

Possuído, pois, e animado da mesma confiança, ó Coração Sagrado de Jesus, rei de todos os corações, recorro a vós e me prostro diante de vós. Meu Jesus, pelo vosso precioso testemunho de sangue e pelo amor de vosso divino Coração, vos peço não desprezeis as minhas súplicas, mas ouvi-as favoravelmente e dignai-vos atender-me. Amém.

CONSAGRAÇÃO AO SAGRADO CORAÇÃO DE JESUS
(Santa Margarida Maria Alacoque)

A grande propagadora da devoção ao Sagrado Coração de Jesus foi santa Margarida Maria Alacoque. Entre as práticas de devoção ao Sagrado Coração de Jesus, temos o ato de consagração e o ato de reparação. Na consagração, oferecemos a Deus, soberano Senhor, a vida com tudo o que temos. Na reparação, desagravamos a

Deus aproximando-nos da Eucaristia, com a prática das primeiras nove sextas-feiras e a Hora Santa.

Eu me dou e me consagro ao Sagrado Coração de nosso Senhor Jesus Cristo: minha pessoa e minha vida, minhas ações, meus trabalhos e meus sofrimentos, a fim de empregar tudo quanto sou e tenho, unicamente para colaborar com Deus na construção de novos céus e de uma nova terra.

É minha resolução irrevogável ser inteiramente dele e fazer tudo por seu amor, renunciando de todo o meu coração a tudo que lhe puder desagradar. Portanto, ó Coração Sagrado, eu vos escolho para único objeto do meu amor, para protetor de minha vida, penhor de minha salvação, amparo de minha fragilidade e inconstância, reparação de todas as faltas de minha vida e asilo seguro na hora de minha morte.

Coração de ternura e bondade! Sede vós minha justificação diante de Deus vosso Pai e afastai de mim os castigos de sua justa cólera. Coração de amor! Em vós ponho toda a minha confiança; de minha fraqueza e maldade tudo temo, mas de vossa bondade tudo espero. Consumi, pois, em mim, tudo o que puder desagradar-vos ou se opor a vós. Imprimi o vosso puro amor tão firmemente no meu coração, que nunca mais vos possa esquecer nem nunca possa de vós me separar, Coração sagrado. Eu vos conjuro, por toda a vossa bondade, que o meu nome seja profundamente gravado em vós; pois eu quero que toda a minha felicidade e glória seja viver e morrer no vosso serviço. Amém.

VIA-SACRA

— Nós vos adoramos, ó Cristo, e vos bendizemos.
— Porque pela vossa santa cruz remistes o mundo.

I Estação: Jesus é condenado à morte.

II Estação: Jesus carrega a cruz.

III Estação: Jesus cai pela primeira vez.

IV Estação: Jesus encontra-se com a Mãe.

V Estação: Jesus é ajudado por Simão Cireneu.

VI Estação: Verônica enxuga a face de Jesus.

VII Estação: Jesus cai pela segunda vez.

VIII Estação: Jesus conforta as mulheres de Jerusalém.

IX Estação: Jesus cai pela terceira vez.

X Estação: Jesus é despojado de suas vestes.

XI Estação: Jesus é crucificado.

XII Estação: Jesus morre na cruz.

XIII Estação: Jesus é descido da cruz e é abraçado por sua mãe.

XIV Estação: Jesus é colocado no sepulcro.

XV Estação: Jesus ressuscita na madrugada do domingo.

CONVIVENDO COM A PERDA
(morte)

Podemos dizer com toda a certeza que aqueles que amamos nunca morrem: apenas partem antes de nós. Vivemos na esperança do reencontro no dia da glória.

São Paulo, falando aos Coríntios, diz que quando a nossa morada terrestre, a nossa tenda for desfeita, receberemos de Deus uma habitação no céu, uma casa eterna não construída por mãos humanas (cf. 2Cor 5,1).

Ofereço-vos minha dor

Meu Deus, eu vos ofereço a minha dor. É tudo que posso oferecer neste momento tão difícil para mim com a partida de (*dizer o nome*) ....

Vós me destes esta pessoa querida que a morte levou, por isso fico sofrendo. Contudo, meu Deus, confio nas vossas palavras: "Eu sou a ressurreição e a vida.

Quem crê em mim, ainda que tenha morrido, viverá" (Jo 11,25).

Aceitai o meu desejo de sofrer de modo sadio; que eu seja forte para poder também ajudar os meus irmãos e irmãs que sofrem. Amém.

SENHOR, EU ME ENTREGO!

Deus da esperança, do amor e da vida:
faça-me crer profundamente
em suas palavras de vida eterna:
Eu sou a ressurreição!
Eu sou a vida!
Senhor! Eu me entrego em tuas mãos.
Que a dor da separação
não me esmague,
e que eu tenha forças para enfrentá-la
com muita coragem e fé.
Eu creio, Senhor,
na ressurreição e na vida!
Aumente a minha fé que vacila
nestes momentos difíceis. Amém!

TU QUE ESTÁS PROTEGIDO...
Salmo 91(90)

Tu que estás sob a proteção do Altíssimo
e moras à sombra do Onipotente,
dize ao Senhor: "Meu refúgio, minha
fortaleza, meu Deus, em quem confio".
Ele te livrará do laço do caçador,
da peste funesta;
ele te cobrirá com suas penas,
sob suas asas encontrarás refúgio.
Sua fidelidade te servirá
de escudo e couraça.
Não temerás os terrores da noite
nem a flecha que voa de dia,
nem a peste que vagueia nas trevas,
nem a epidemia que devasta ao meio-dia.
Cairão mil ao teu lado
e dez mil à tua direita;
mas nada te poderá atingir.

Basta que olhes com teus olhos,
verás o castigo dos ímpios.
Pois teu refúgio é o SENHOR;
fizeste do Altíssimo tua morada.
Não poderá te fazer mal a desgraça,
nenhuma praga cairá sobre tua tenda.
Pois ele dará ordem a seus anjos
para te guardarem em todos
os teus passos.
Em suas mãos te levarão para que teu pé
não tropece em nenhuma pedra.
Caminharás sobre a cobra e a víbora,
pisarás sobre leões e dragões.
"Eu o salvarei, porque a mim se confiou;
eu o exaltarei, pois conhece meu nome.
Ele me invocará, e lhe darei resposta;
perto dele não estarei na desgraça,
vou salvá-lo e torná-lo glorioso.
Vou saciá-lo com longos dias
e lhe mostrarei minha salvação".

ORAÇÃO PARA PEDIR A SAÚDE

Divino Espírito Santo,
criador e renovador de todas as coisas,
vida da minha vida!
Com Maria Santíssima,
eu vos adoro, agradeço e amo!
Vós, que dais vida a todo o universo,
conservai em mim a saúde.
Livrai-me de todas as doenças
e de todo o mal!
Ajudado com a vossa graça,
quero usar sempre minha saúde,
empregando minhas forças
para a glória de Deus,
para o meu próprio bem
e para o bem do próximo.
Peço-vos, ainda, que ilumineis,
com vossos dons de sabedoria e ciência,
os médicos e todos
os que se ocupam dos doentes.
Que eles conheçam
a verdadeira causa

dos males que destroem
ou ameaçam a vida das pessoas
e ajudem a defendê-la e curá-la.
Virgem Santíssima, mãe da vida
e saúde dos enfermos,
sede mediadora nesta minha oração!
Amém!

ORAÇÃO AO ESPÍRITO SANTO
(Adaptação da oração de João XXIII)

Espírito Santo Consolador,
aperfeiçoai em nós
a obra que Jesus começou.
Tornai forte e contínua
a oração que fazemos
em nome do mundo inteiro.
Apressai para cada um de nós
os tempos de uma profunda vida interior
a fim de fazer o bem às pessoas.
Tudo seja grande em nós:
a busca e o culto da verdade;
a prontidão ao sacrifício

até a cruz e a morte;
e tudo enfim corresponda
à oração sacerdotal de Jesus
ao Pai celeste e àquela efusão
que de vós, Espírito de amor,
o Pai e o Filho irradiam sobre a Igreja,
sobre cada pessoa
e sobre toda a humanidade. Amém!

ORAÇÃO DO MOTORISTA

Dai-me, Senhor,
firmeza e vigilância no volante,
para que eu chegue ao meu destino
sem acidentes.
Protegei os que viajam comigo.
Ajudai-me a respeitar a todos
e a dirigir com prudência e equilíbrio.
E que eu descubra vossa presença
na natureza e em tudo o que me rodeia.
Amém.

ORAÇÃO ANTES DE VIAJAR

(Bv. Tiago Alberione)

Jesus, que sois a Verdade,
iluminai-me e protegei-me
para que esta viagem se realize,
só e sempre, no vosso amor
e com o olhar fixo na meta final: o paraíso.
Jesus, que sois o Caminho,
guiai-me para que em toda parte
eu esteja presente a mim mesmo
e tome decisões acertadas.
Jesus, que sois a Vida,
sede em toda parte, para mim,
e para as pessoas que eu encontrar,
alegria e consolação.
Meu santo Anjo da Guarda,
acompanhai-me e protegei-me.
Amém.

Coleção Nossas Devoções

- *Dulce dos Pobres: novena e biografia* – Marina Mendonça
- *Francisco de Paula Victor: história e novena* – Aparecida Matilde Alves
- *Frei Galvão: novena e história* – Pe. Paulo Saraiva
- *Imaculada Conceição* – Francisco Catão
- *Jesus, Senhor da vida: dezoito orações de cura* – Francisco Catão
- *João Paulo II: novena, história e orações* – Aparecida Matilde Alves
- *Maria, Mãe de Jesus e Mãe da Humanidade: novena e coroação de Nossa Senhora* – Aparecida Matilde Alves
- *Menino Jesus de Praga: história e novena* – Giovanni Marques Santos
- *Nhá Chica: Bem-aventurada Francisca de Paula de Jesus* – Aparecida Matilde Alves
- *Nossa Senhora Aparecida: história e novena* – Maria Belém
- *Nossa Senhora da Cabeça: história e novena* – Mario Basacchi
- *Nossa Senhora da Luz: novena e história* – Maria Belém
- *Nossa Senhora da Penha: novena e história* – Maria Belém
- *Nossa Senhora da Salete: história e novena* – Aparecida Matilde Alves
- *Nossa Senhora das Graças ou Medalha Milagrosa: novena e origem da devoção* – Mario Basacchi
- *Nossa Senhora de Caravaggio: história e novena* – Leomar A. Brustolin e Volmir Comparin
- *Nossa Senhora de Fátima: novena* – Tarcila Tommasi
- *Nossa Senhora de Guadalupe: novena e história das aparições a São Juan Diego* – Maria Belém
- *Nossa Senhora de Nazaré: novena e história* – Maria Belém
- *Nossa Senhora Desatadora dos Nós: história e novena* – Frei Zeca
- *Nossa Senhora do Bom Parto: novena e reflexões bíblicas* – Mario Basacchi
- *Nossa Senhora do Carmo: novena e história* – Maria Belém
- *Nossa Senhora do Desterro: história e novena* – Celina Helena Weschenfelder
- *Nossa Senhora do Perpétuo Socorro: história e novena* – Mario Basacchi
- *Nossa Senhora Rainha da Paz: história e novena* – Celina Helena Weschenfelder
- *Novena à Divina Misericórdia* – Tarcila Tommasi

- *Novena das Rosas: história e novena de Santa Teresinha do Menino Jesus* – Aparecida Matilde Alves
- *Novena em honra ao Senhor Bom Jesus* – José Ricardo Zonta
- *Ofício da Imaculada Conceição: orações, hinos e reflexões* – Cristóvão Dworak
- *Orações do cristão: preces diárias* – Celina Helena Weschenfelder
- *Os Anjos de Deus: novena* – Francisco Catão
- *Padre Pio: novena e história* – Maria Belém
- *Paulo, homem de Deus: novena de São Paulo Apóstolo* – Francisco Catão
- *Reunidos pela força do Espírito Santo: novena de Pentecostes* – Tarcila Tommasi
- *Rosário dos enfermos* – Aparecida Matilde Alves
- *Rosário por uma transformação espiritual e psicológica* – Gustavo E. Jamut
- *Sagrada Face: história, novena e devocionário* – Giovanni Marques Santos
- *Sagrada Família: novena* – Pe. Paulo Saraiva
- *Sant'Ana: novena e história* – Maria Belém
- *Santa Cecília: novena e história* – Frei Zeca
- *Santa Edwiges: novena e biografia* – J. Alves
- *Santa Filomena: história e novena* – Mario Basacchi
- *Santa Gemma Galgani: história e novena* – José Ricardo Zonta
- *Santa Luzia: novena e biografia* – J. Alves
- *Santa Maria Goretti: história e novena* – José Ricardo Zonta
- *Santa Paulina: novena e biografia* – J. Alves
- *Santa Rita de Cássia: novena e biografia* – J. Alves
- *Santa Teresa de Calcutá: biografia e novena* – Celina Helena Weschenfelder
- *Santa Teresinha do Menino: novena e biografia* – Jesus Mario Basacchi
- *Santo Afonso de Ligório: novena e biografia* – Mario Basacchi
- *Santo Antônio: novena, trezena e responsório* – Mario Basacchi
- *Santo Expedito: novena e dados biográficos* – Francisco Catão
- *Santo Onofre: história e novena* – Tarcila Tommasi
- *São Benedito: novena e biografia* – J. Alves

- *São Bento: história e novena* – Francisco Catão
- *São Brás: história e novena* – Celina Helena Weschenfelder
- *São Cosme e São Damião: biografia e novena* – Mario Basacchi
- *São Cristóvão: história e novena* – Mário José Neto
- *São Francisco de Assis: novena e biografia* – Mario Basacchi
- *São Francisco Xavier: novena e biografia* – Gabriel Guarnieri
- *São Geraldo Majela: novena e biografia* – J. Alves
- *São José: história e novena* – Aparecida Matilde Alves
- *São Judas Tadeu: história e novena* – Maria Belém
- *São Miguel Arcanjo: novena* – Francisco Catão
- *São Pedro, Apóstolo: novena e biografia* – Maria Belém
- *São Peregrino Laziosi* – Tarcila Tommasi
- *São Roque: novena e biografia* – Roseane Gomes Barbosa
- *São Sebastião: novena e biografia* – Mario Basacchi
- *São Tarcísio: novena e biografia* – Frei Zeca
- *São Vito, mártir: história e novena* – Mario Basacchi
- *Senhora da Piedade: setenário das dores de Maria* – Aparecida Matilde Alves
- *Tiago Alberione: novena e biografia* – Maria Belém